여기까지가 인연입니다

진서윤 시집

문학의전당 시인선

374

여기까지가 인연입니다

진서윤 시집

문학의전당

시인의 말

첫 시집을 묶기 훨씬 전부터
작고 사소한 주변 이야기에 귀를 기울여 왔다.

그 범주 속에 나도 포함되어 있다.

정말 고맙다,
그 모든 기회와 상황까지도……

2024년 1월
진서윤

차례

제2부

제3부

제4부

제1부

오늘의 운세

채집을 다녀왔다
손등이, 띄어쓰기 없는 거북손 무늬로 반짝인다
그 속에서 바람결이 주름처럼 박혀 있고
먼 나라 불행한 아이들에게 보내던 30년간의 후원은
실직 이후 나에게로 계좌가 바뀌어 있다

묵은지를 곁들여 먹을까 누룽지 냄비를 불 위에 올리는 것도 잊고 후미진 곳에 있던 제비꽃을 화분에 옮겨 놓고 딱한 표정으로 나를 돌이본다 혼자일수록 잘 먹어야 한다고 나는 무던히 잘살고 있던 제비꽃을 어떤 침묵의 곁으로 데려온 것일까 서로를 위로하며 사는 것이 소용에 닿는 일이라 강제하는 것일까 침묵에 건네는 질문은 언제나 닿기 어려운 곳에 있다 해는 뉘엿뉘엿 지는데 예전 잠시 알던 사람한테서 뜬금없이 전화가 온다 내 점(占)은 내가 치고 살 나이라는데 하루 치의 밑바닥을 긁어 누룽지를 끓인다

오늘 내가 한 일은 뭐든지 옳다

계약서

움직이지 않을 때 비로소 뿌리내리는 것이라고
벽에 박힌 못은 견고했다
그곳에 잎이 아름다운 식물을 걸어둔 적이 있다
새잎은 일일드라마 전개가 바뀔 때쯤 돋아나곤 했다
우리는 가끔 서로의 방에서 나와 식물의 안부를 나누었다
흙 속의 수분에 대해
마디와 마디 사이 불편한 기형에 대해

내가 식물이 두려움을 느낀다고 말하자, 식물은 감정이 없는 거라고
그는 말했다
사는 일이 슴슴했던지 식물이 사는 방에
비밀스럽게 날것들이 드나들었다
영리하게 빠르게 식구들을 늘려나갔다
감정은 있지만 두려움을 느끼는 건 아니었다

화분이 떠난 자리에 고양이 창문이 생겨났다
당장 고양이를 키울 여력이 없다고 여길 뿐

뒤지면 어딘가 그 정도 돈은 있을 것이다
창문을 부수지 않고서는 떠나지 못하는 오래된 기억들이 무례하게 매달렸다
부속품처럼 시시한 외로움이라도 걸어 놓았어야 했나
슬프지도 기쁘지도 않을 때
텅 빈 그곳이 여전히 텅 비어 있을 때
형체만 남은 못을 빼기 위해 벽을 허문다

당초 계약서에는 없던 항목이다

꽃피는 방식

꽃이 가려우면 사람도 가렵다

서쪽 나라에서 먼지가 오고
남쪽 나라에서 꽃이 몰려온다
나무마다 귓불이 발갛게 물든다
이럴 때 꽃은 관광객이다

봄의 증명서들이 들판의 문턱에 걸려 펄럭인다
문 밖의 봄은 언제나 문 안으로 들지 않았다
모든 문을 열라는 듯
뜰 앞의 나무와
먼 곳의 나무까지 부풀어 오른다

주소를 옮겨가고 난 후
생의 이력은 첫 꽃을 피웠다
그늘이라는 가족이
가만가만 울리는 심장을 덮는다
꽃피는 방식을 문마다 적어 놓는다

불현듯 일어나는 운세처럼
손등 위에 둥글게 퍼져 톡톡 튀는 열꽃
꽃핀 가지마다
푸른 그늘 가득하다

이상한 선택

쇠뜨기 군락을 파낸 그 자리에
마거릿 모종이 올라탄다
세상의 소문에 의하면
이 현상은 백분의 일 확률이다

서너 집 건너에 있던 토끼풀 군락지가
올해는 우리 집 마당에서 여름 지도를 그렸고
집요하게 따라다니던 야생화들이 어느 해엔
감쪽같이 사라지곤 한다
그러다 보면 결국엔 아는 꽃밭을 수소문해서 데려오거나
꽃 없는 여름을 건너갈 때도 있는 것이다

자리를 차지하고
저물게 하는 이상한 선택
우리는 모두 비바람에
잔돌이 두들겨 맞는 소리를 껴안으며
이곳에서의 여름을 꿈꾸었는지 모른다
시들어가는 쇠뜨기 옆에서 꽃을 밴 마거릿 입덧을 한다

돌아보면 화들짝 놀라
어느 해 여름의 뒤끝으로 숨는 낯익은 꽃밭
흐릿해진 시력에 나비 몇 마리 더 넣을 걸 그랬나?
눈만 깜빡이다 비행기에서 나비로
다시 새로 변하는
그 적막의 힘으로 물어본다

이 시력(視力)으로
무엇을 봐야 합니까?

산청

애칭은 날마다 달라요
이곳에만 사는 산 그림자를 뒤지면
쏜살같이 지나가는 소나기와
어, 다르고 아, 다른 메아리들 서로
하나로 합쳐지는 일들 종종 찾을 수 있어요
크게 들이쉬고 깊게 내뱉는 당신의 숨소리
그건 미완의 악보라 희망적일지도 몰라요
덕천계곡 곡마단에 지리산 바람이 걸려들어요
오목눈이 한 마리 날아들어
함부로 지어진 저의 이름에 놀라
포르르 날아가기도 하죠

지금은 남새밭에 물 줄 시간입니다
물조리개가 달맞이꽃을 안은 채 마당으로 가요
옥수수 모종 아래로 물줄기는 잔잔히 포행을 하고
수레국화에도 들렀다 가지요
가끔 풀 비린내에 취하는 날도 있어요
민낯으로 당신 앞에 서도

서로의 굴곡에 대해 분석을 하지 않죠
우리의 오답을 찾아내기엔
너무 많은 초록이 두근거려요

나의 이름엔 나 하나로도 비좁지만
산청, 이라는 이름엔
큰 마을들도 산들도 있어요

해어화(解語花)

해독의 빛깔은 희다

여흥은 지난밤에 아직 머물러 있고 벌주(罰酒)는 애간장에 머물러 있다 서북 능선을 건너는 길, 연분의 입자들이 그늘진 습지에서 나직이 등을 기대고 서 있다

담장 안 규방은 늘 피가 돌지 않는 미로 속에 있다 꽃들이 휘감고 피었다 물러난 햇볕은 따갑게 휘어져 있다 미닫이를 열면 넝쿨들이 초서체(草書體)로 담장을 넘어간다

섬돌, 들이는 발과 나가는 발이 내외 중이다

물길 턴 자리에서 머리에 화관을 쓰고 입을 열면 내리는 비도 노래가 되는 한 생을 살고자 하였으니, 눈매 깊은 정인의 손등 푸른 정맥을 따라 흘러든 산자락이 쉽게 기울지 않는다

아무의 운명에도 새기지 못했던 아슴푸레한 이름이 전생을 건너 환한 낮별이 되어 핀다

눈에는 꽃을 두고

입에는 사연을 간직한다

몽혼(夢魂)

그믐 달빛을 신고 고샅길 나섭니다 허공의 어두운 달은 한 번도 저 길을 되짚지 못하고 굽은 몸으로 늦도록 지는데 오늘 밤길은 곳곳이 맨발이어요 소실의 빛깔로 지은 열두 폭 치맛단에 시문(詩文)의 금기가 차갑게 닿습니다 저 달 스스로 길이 되어 저곳에 다다를 때 있어 어쩌다 여위어서 낯 돌린 당신의 정리(情理), 환한 만월에 한 번 더 모셔 볼 날 있을까요

날은 맑으나 눈은 물길을 걷습니다 솟을대문 밖 자갈길은 차르르 차르르 울음을 나누는 듯하여 이팔(二八)에 들인 마음보다 이 몸 들었던 마음이 더 근심입니다 강변을 빌리고 오두막에 세 들어 물소리나 말릴까 합니다 어쩌다 옛정 기울어 들르시는 날이 있다면 초지(草紙)를 우려낸 그 맑은 물소리에 국수 말아 차리겠습니다

얼음꽃이 버선목에 필 때도 따뜻하게 기울던 사람
이제 상면(相面)은 몽혼(夢魂)*에나 있겠군요
당신의 갓 그늘에 두고 온 아린 심장은
썩지도 못할 것입니다

박달나무 참빗으로 빗어 내린 머릿결이 젖고
소리를 숨겨 갈았던 먹물엔 소금기만 가득합니다
허리에 감은 수백 겹 시문 속으로 온몸 들어가고
가라앉을 꿈속조차 없어
끝내 어느 북방(北方)의 기슭에 다다르겠지요

*몽혼(夢魂): 조선시대 여성 시인 이옥봉(李玉峰)이 지은 시 제목.

처서

방충망을 뚫고 들어오던 빗방울이 그쳤다

충전을 끝낸 배터리를 장착하고
귀신처럼 머리를 풀어헤치고 넘보는 넝쿨을 걷어낸다

독이 오른 벌레가 작업복을 뚫고 들어와 온몸으로 저항한다
여름이 지나는 동안 이들도 진화되었다

이젠 싸우지 말자, 서로 지친 지 오래, 모른 척했던 소매를
걷고 푸른 피가 튀어 나가며 생겨난 말의 힘줄을 본다

여기 아닌 곳으로 끌려가는 시간
산산이 부서진 말들이 초록 비린내를 풍기며 잊힌다
급한 것 없이 있어야 할 것들은 물기를 말려가며 움직이지
않는다

선명해지는 변방

제초기 엔진 소리가
붉은 우편함 속으로 씨앗들을 불러들인다

서실(闕失)

기묘한 기호가 골목을 돌아 나온다

오래 닫혀 있는 입술
손끝에서 다듬은 말들을 헐값으로 넘기는 동안
전시 중인 인물화는 자주 잘려 나가고
자주 들어섰다

통째로 잃어버릴 수 있는 것들을 아무렇지 않게 들고 다니는 손

사각거리는 연필심 소리가 엉키는 밤
말들의 소식이 노숙처럼 떠돈다
예의 바르게 가려주던 네모난 창이 사라진 후
잊기가 두려운 연인은 얇은 유리 액정 앞에서 긴 할부거래에 사인을 남긴다

새로운 도시가 들어선 거리에서
하릴없이 옛 이름들을 손가락으로 쓸어본다

기억마다 달리하는 이름 중
손끝에 눌러지는 관계들

지나가는 손가락 뒤로
소원했던 표정이 소리 없이 접히고 있다

통째로 잃어버린다는 말은 얼마나 매력적인가

밤길

약속시간이 한참 지났다 이제 정말 창을 닫을 시간이라고 너는 말했다 창의 안쪽은 언제나 혼자 걷는 길이다 가끔 너와 함께하기를 바랐으나 그저 마을 입구까지였다

분배된 하루가 점점 기울어진다 도로 창이 열린다 걸을 수 없을 바에야 키우던 개를 들여다보기로 한다 개는 먹이를 챙겨주지 못해 성장이 멈추어져 있다 개에게서 배설물 냄새가 난다 그런데도 씻겨주지도 못하는 나를 기다린다 이제 개를 해방해야 하나

알 수 있는 건 모두 지나간 것뿐이다

정말 창을 닫아야 한다고 다시 강조한다 밤길 초입에는 습관처럼 바흐의 변주곡이 필요하다 어떤 날에는 조곤조곤한 설교가 동반된다 오늘은 베어버려야 할 것들의 계단을 오르다 장독대를 두드리는 빗소리를 만난다

새벽이 스스로 울기 시작하고, 이젠 창을 열어야 할 때가 되

었다고 했을 때 내 창은 닫혔다 끝이 없어 시작이 없는 길을 익숙하게 걷는다

그 꽃밭

길 잃은 색깔들이 모여 있는 꽃밭
계절들이 서둘러 씨앗 속으로 들어간다
귀 떨어진 적막으로 나팔꽃 줄기들은 묵은 결박에 들고
초록 비린내를 풍기며 흔들리는 동안
되짚어 내려갈 길들이 뒤섞여 있다

날숨의 계절,
두 시간 거리 요양원에서 과거를 모셔가라는 전화를 받는다

갓 시집온 새댁이 되었다가
흉 많은 이웃이 되었다가
오래된 집에 든 젊은 날이 서걱거린다
줄기의 중간쯤에서 말라버린 나팔꽃 줄기
가끔 검고 딱딱한 씨앗이 톡 터질 때마다
새싹의 계절에 들어
새잎의 밥상을 차려오라 성화다

꽃밭 그늘에 떨어진 한 잎의 적막이나 뒤진다

구불구불 감긴 덩굴은 완고하다
링거병에서 빠져나온 온기가 고리를 타고 흐르는 사이
둥글게 말려 화석이 된 고단한 시절이
일년생 식물의 씨앗처럼 똑똑 떨어진다
혼잣말로 찾아 헤매는
어머니의 꽃밭이 한없이 멀다

세상의 모든 꽃은 철없는 색깔로 온다

장천 부두

장천 부두에 와서
장천 두부라고 발음해 본다

뭉게구름 사이로 양념장을 얹은 듯
국적 없는 노을이 붉다
수평선 끝을 집어 올리는 두 개의 방파제가
젓가락의 끝처럼 모여 있다

두부를 집어 올리는 젓가락은 서툴다
성긴 틀에 눌린 듯 어눌한 말투들이 툭툭 부서진다

단단하게 뭉쳐진 두부에서는
한차례 소나기가 쏟아진다
후루룩, 한 그릇 순두부를 비운 듯
친절하게 등을 돌릴 수 있는 것도
사는 일 아닌가 싶다

출항을 앞둔 팬자스민호 밧줄을 푸는 시간

잠깐 갠 장천(長天)엔
뭉글뭉글 뭉쳐지는 구름
이젠 간수를 뿌려야 할 것 같은데

허방이라도 발목 잡히고 싶었던 날들에서
서둘러 불을 빼는데
아직은 더 끓여야 한다고 서쪽 하늘이 붉다

생이 아름답다는 말

갈증 같기도 하고
성취 같기도 한

필연의 날들을 보냈습니다
추억으로 봉합된 몇 개의 기억에서
서로 어깨를 다독이기도 했습니다
어깻죽지에 반짝이는 날개는 무거웠지만
희망의 문양을 새기며 미래에 중독되기도 했습니다

익숙한 이별은 없습니다
헤어짐의 자리마다 늘 새로운 아쉬움이 덧나지만
먼 기억을 거슬러
함께 일행으로 걸어온 시간 때문에 참 따뜻합니다
떠남과 머무름의 경계가 한 자리이듯
하나의 문이 닫히면
새로운 문이 열리겠지요

좀 치열하게 살았던들 어떻습니까

바람처럼 흔적을 남기지 않고 다만
마음의 행보를 따랐을 길에
새의 날갯짓 같은 따뜻한 박수를 보냅니다

생이 아름답다는 말을
이즈음에 써야 할 것 같습니다

북어

한겨울 처마 밑까지 밀려온 북어
내장이 없으니 남의 속 푸는 일은 천직이다
벌린 입으로 드나드는 궁핍
끝내 다물지 못하는 입을 푹 끓이면
다물어지지 않는 간밤의 울화쯤은 금방 빠져나간다
잡다한 세속이 머물다 간 속
꼬박꼬박 삼켜 들인 겨울 삭풍이 해독시키는 중이다
큰 깨달음은 전해지는 것이 아니라
늙었던 것이 젊어지듯
달각달각 돌아가는 순환의 법칙을 체득하는 일
껍질이 벗겨지고 혓바닥이 하얗게 굳어지도록
뼈대 속에는 어떤 발원이 들어 있었을까
여전히 끝을 알 수 없어 뒤엉킨 강단
아무리 방망이로 두드려도 토설하지 않는
역모를 속풀이로 찾는 것이다
어느 집 처마에서 한겨울 나고 나면
그 집 사람 속 헤아리는 것쯤은 일도 아니다

제2부

제법무아(諸法無我)

그림자는 빛과 함께 태어났다가 어둠에 멸합니다

남은 잔을 비우고 일어서야 해요 이마에 땀이 난다는 건 어쨌든 아직 통증이 남아 있다는 것, 각자 숙제가 있으니까 그렇게 살라고 혼미한 음성을 보냅니다 참 독특한데 흩어지는 소리, 호명은 난청을 부르지요

아웃사이드의 이점은 그의, 그들의 눈 밖에 있어도 잃을 게 없다는 것 다만 주즉이 가라앉고, 좀 널 가립기를 바라요 그럼에도 암담하다고 말하는 건 농담인 것 같아요 싫은 게 아니라 그들은 듣는 이들만큼 신중하진 않아요

이별에 암순응이 필요할까요? 그냥 흘려보내는 감정에 실린 편도체를 자극하는 거겠지요 9시 09분 이제 당신이 떠날 시간이네요 내가 떠나든가, 별 사이가 아니란 게 별스럽게 자유를 주는 밤이네요

여기까지가 인연입니다

수박

수박밭에는 여물지 않은 태양들이 숨어 있었다

햇빛 줄기가 연결된 곳엔 푸르스름한 심장이 떠 있고 폭염이 몰려들고 있었다
양말목 풀린 실밥처럼
몸이 헐 것 같은 날
거꾸로 자라는 덩굴의 비린 향이 꼼지락거렸다

직선의 나이에 곡선의 통증이 붉다
모래밭 이랑마다 층층이 쌓이는 바람말이를 먹었다
누군가 손등으로 통통 두드려 보고 갔다
그때 문득, 통증에 씨앗이 생겼다

세상의 모든 음은 보이지 않는 발자국처럼 익어가고 서리라는 말을 들으면
붉은 당도가 끈적거렸다

달의 필라멘트가 끊어진 밤

고양이가 지나갈 때마다 감지 등(燈)이 켜지고
닿기만 해도 탁! 터질 준비가 되어 있는 만월
수박 속에는 검은 별들이 유영하고 있을 것이다

푸른 굴절무늬로 온몸을 묶어 놓은 여름, 허벅지 아래로 붉은 씨앗 한 점이 떨어졌다
이후 모든 웃음을
손으로 가리는 버릇이 생겼다

들판 너머 여름이 이불 홑청 끝자락처럼 가벼워졌다
마르지도 젖지도 않은 이파리를 허리에 감고
수박들이 붉은 속셈으로 익어간다

그들만이 안다

김** 1967년 12월 4일생 남,
검사 대상 그의 여행 가방은 단출했다
흔적을 좇다 끊어진 길
그러나 우리는 서로 너무 잘 알지 않나요?
뒷짐을 지는 사내의 턱선에 섬광이 보인다

x-ray 화면을 거치면서 노란 자물쇠가 채워진 캐리어가
윙윙거리며 검사대로 온다
1998년 6월 2일생 여, 동행자 황**
남자가 결재한 명품 가방을 그녀의 소지품에서 찾아낸다
편명도, 직업도, 기간도, 목적도 빈칸인 신고서가
반으로 구겨진 채
그녀의 검지와 가운뎃손가락 사이에서 흔들린다

젊음의 가치는 자신의 등급을 아는 데 있다
팽팽하게 부푼 속대 같은 웃음 값으로
더욱 단단히 여미어진 팔짱,
세금과 과태료가 부과될 고지서에 함부로

자신의 이름을 허락하지 않는다

남자는 깊은 표정으로
즉석에서 납부한 세금 영수증을 확인시키고
전용 출구로 빠져나간다
여자는 한 바퀴를 돌아 반대 방향으로 퇴장한다

4박 5일
출국과 입국 사이의 거래는 그들만이 안다

낭만적 연대

이제 내가 서쪽으로 가야 하는지에 대해
홍매화 가지 끝에 답신을 걸어두기 바랍니다

그러면 나는 꽃 피고 지는 사이
가부간 흩날릴지 시들지에 대해 결정하겠습니다

오래전부터 산 것 중 눈이 열린 것들은
언제고 내 곁을 떠난 적은 없으나
또한 머물렀는지 알 수 없어
이 몸이 법당이 되어
기다리는 일만 일삼고 있습니다

그러는 동안 어떤 이는
사흘 만에 도달했다고 기별이 왔고
어떤 이는 저잣거리에서
잘생긴 화두를 두고 홍정 중이라 하고
병(甁)은 목이 야위었고 새는 와장창 깨졌다는
전언을 듣습니다

돌리고 또 돌리는 일을
염주에 묶어 두듯 나를 맞이하실 이
지금쯤 염주 알을 다 읽으셨는지요

표백

그가 다녀갔다
눌어붙은 불안이 떫은맛을 낸다
검은 봉지 속 밀감을 들어내면 절반의 몸이 물컹거린다
허공에 줄을 긋는 과육
반야심경은 벽에 걸린 채 부동이다

더운 행주로 쌓인 먼지를 닦는다
검정과 흰색의 변곡점에서 얼룩의 한 면을 끌어 올린다
꾹 다문 입을 통해 들어온 말들이
머릿속에서 무언극의 판을 벌인다
물집이 자라면서 부드럽게 허물어지는 몸
상처는, 두려움이 향기가 변했을 때 끝나는 법이다

얼룩을 품은 행주가 팽팽하게 부풀어 오른다
하얀색에서 멈춘 표백제
달달한 가루비누를 핥으며 같은 말을 반복한다
얼룩이 풀어지는 곳마다
흰 구름 담겨 있다

죽비를 맞은 어깨 위로 어둠이 전자파로 밀려온다
개량되고 개량되어 온 유전자
있고 없음이 교차하는 계절 위에 길게 눕는다
언제나 말씀은 견고하다
검은 비닐봉지를 벗겨내는 순간 이루어지는
저 하얀 표백
떫은 불안도 흰 행주도 부스럭거리며 빠져나간
세숫대야 안엔 아무 색깔도 남아 있지 않다

왜 입을 닦아야 하는지는
어떤 맛을 묻혔는지 먼저 물을 일이다

환각의 뼈

안개를 뚫고 지나가는 짐승의 속을 들여다본다
쉬지 않고 검색대를 지나가는 가방들
사각 모니터 속 성별을 구분할 수 없는 짐승이 웅크려 있다
환각의 뼈를 찾는다

날뛰는 가방은 없다
요행과 홍정한 위장술은 죽은 듯이 엎드려 있다
황갈색의 환으로 또는
캡슐에 들어 있는 휘어진 뼈들

강을 건너는 누의 무리들이 만나는 악어의 포진은
가장 치밀한 검색대다

붉은 줄기들은 뚫고 나오면서도 껴입은 여러 겹의 옷
짐승들의 계절은 언제나 숨길 것이 많은 겨울이다
검은 가죽을 해부한다
고삐를 잡은 손에서 벗어나려 하지만
한 뼘 뒤척임도 허락되지 않은 밀랍에 들어 옆으로 누운 짐

승을 흰 장갑이 끄집어낸다

저항하던 환각의 뼈가 스포트라이트를 받는다
짐승을 키운 심장이 발악한다
뼈 없는 가죽가방이 손에서 풀려난다

컨베이어벨트로 혹은 안개 속으로 지나가는 짐승의 배 속은 투명하다
안개가 짙어지는 동안
가변 모서리가 모니터를 문진한다

정류장에서

당신이 어딘가를 떠올렸을 때
말이 너무 멀다 생각했지요
접힌 비기를 펼쳐
구부정한 허리를 손가락으로 다립니다
왜 우리는 누가 그어놓은 노선으로만 다녀야 할까요

외로운 사람을 위해 켜둔 낮은 지붕 아래로
하루에 서너 번 정도는 앓는 이들이 찾아듭니다
마루 모양의 긴 의자들은
별의 숫자만큼 빛나는 무게들을 견딥니다
여기서의 기억은 그저 흔하고 사소한 풍경으로 남을 텐데
당신에게
이런 통증이 있다고 보여주고 있었구나 싶은

등 떠밀리듯 내리는 누군가의 발을 봅니다
좌석버스 안
일별의 사내가 기댄 등받이 커버가 꿈꾸듯 뒤척입니다
필사적으로 타야 할지 모르지만 어쩐지 원하는 방향이 아님

니다

웅숭그린 거미가 거적으로 문을 만드는 동안
메모해 둔 경유지 한곳에 줄을 긋습니다
새로울 것도 없이 선택은
수상한 바람을 만나면 걸려 넘어지기도 합니다

하늘에서와 같이 땅에서도
아무것도 아닌 때
가지런해진 배차시간에 맞춰 우리는 느릿느릿 떠납니다

이드

내 몸이 내가 아니라는 걸 증명해야 하는 날
거울을 본다
천장과 등과 조금 열린 붙박이장이
무표정의 얼굴과 합체된다

거울 속의 면상은 울퉁불퉁한 헐크가 되어간다
일그러진 주름과 불안한 눈, 검게 함몰되어
나타났다 사라짐을 반복하는 하관
나는 결단코 내 모습이 아니라는 데 몰두한다

등본 위의 이름이 스스로 걸어 나갔던 그해 가을
마당 한 귀퉁이에선
흙이 고양이를 삼키고 있었다
그날 호미 끝으로 따라 들어간 어미의 울음이
거울 속에서 새어 나왔다
온갖 것을 먹고 온갖 것을 키워내는 몸
구린내 풍기는 오감은 아름답고 끊임없이 영생한다

갈비뼈 아래 통증은 주기적으로 찾아오고
암회색으로 사라졌다가 돌아오길 반복하는 기척
무덤처럼 엎드려 있던 허기가
발설되어서는 안 될 손등을 핥는다
형체를 먹어버린 거울의 커다란 입이
자꾸 무언가를 뒤지고 있다

햇살을 수리하다

한 줄기 빛이 제 몸을 꺾어 드는
공구점 안 청년은 작은 기계 하나를 열고
어디쯤에서 끊어진 회로를 찾고 있다
기계 안은 온통 먹구름이다
낡은 책상 서랍에 붙어 있는 스티커처럼
엇박자가 되어버린 나사
기계에 연결된 뭉툭한 꼬리 같은 콘센트
사이에서 대립 중이다

누구나 한때는 중심에 서 있었다
제 코드를 해독하지 못하고 끊어진 바람 혹은
어딘가에서 끌려온 시린 은빛도 그러했을 것이다
웅크린 청년의 수신호는 강하다
가끔 궤도를 가늠하듯 이마를 다녀가는 빨간 손바닥
굴절을 수리할 만큼 환심을 사려면
절박해야 한다는 걸 안다
그의 손이 햇빛을 끌어들인다

막 먹구름을 벗어난 기계 속을 쨍하고 비추는데
이제야 찾았다는 듯 햇살 줄기를 잇고 있다
쭈그리고 앉은 종아리를 타고
한쪽 발에서 미세한 전류가 저릿하며
청년의 자세로 막 들어간다

오그린 잠

창틀에 들어 박제된 말벌을 본다
순간의 묶음으로 날갯짓하던 습성
분분한 꽃의 근처를 버리고서야 죽음의 절정을 알리는
저, 불립문자

보이지도 않는 말에도
대거리하며 손때를 묻히던 집이 헐리던 날
여름 별자리는 뱀이 벗어놓은 허물을 다리고 있었다
인질이 된 사랑은 갈수록 등이 가려웠었지만
허공의 어느 구름 폴더에 저장되어 있는지
텅 빈 집터를 맴도는 동안

윙윙 무한의 횟수로 떠 있던 소리는
공중을 휘저어 놓고 있었지

핀셋으로 꼬부라진 허리를 집는다
어떤 연약한 말에도 더 박아 넣을 침이 없다는 것을 안다
프로를 꿈꾸었지만

포로가 되어 겨우 홀가분해진 남은 날개가
이따금 허공을 향해 저 혼자 움직인다

오그린 잠은
몹시 외로웠다는 증거일 테니까

아비의 셈법

물의 등을 타고 무게들이 도착하는 곳
낯익은 부자(父子) 상인이 도착했다
아들의 짐이 통과한 6번 검색대를 아비 장씨가 따라 나온다
한 카트에 실린 45k 중량들이 바닥을 읽는다
물결에 흔들리는 이문을 남기려 서역을 왕래하는 상인들
보따리 옆에 누워 벗어날 수 없는 방향
눈을 감고 기억나지 않는 이의 눈썹을 그려보곤 했다

쉰 줄에 다가선 아들은 아직도 아비의 셈을 모른다
손금으로 새겨진 아비의 어깨에서 수소문 중이다
밀려온 것이 운명이었듯
밀려가는 것 또한 한계선 너머에선 이문이다

모서리가 해진 아들의 포대에서 녹두가 흘러내린다
쪼그리고 앉은 장씨
손이 피어보지 못한 꽃잎처럼 오그라든다
아들은 물끄러미 흘러내리는 풍경을 바라본다
무게는 말없이 다시 포대에 싸이고

지나온 길은 모두 변형의 종자처럼 파도가 된다

몇 알의 이문이 불화의 씨앗인 양 콘크리트 바닥에 샌다
싹수는 잎의 도리가 아니라
바닥의 셈법이라는 것을 아비는 알고 있다
입국장 플라스틱 커튼이 바람에 일렁인다
갈 수도 올 수도 없는 길을
아들이 앞서 걷고 아비가 따라나선다

멀티탭

거북빌라 담장 안에 목련나무들 환하다
봄기운에 꽂혀 있는 몇 그루 나무들도
일제히 색색의 등이 가지에서 켜지기 시작한다

아무래도 땅속 어딘가에 여러 개의 코드를 꽂을 수 있는 멀티탭이 있는 것 같다

저녁이면 층층의 방마다 불이 켜지고
나직한 전류들이 서로 통하는 빌라 단지
문을 열고 들어가면
십팔 평 형광등 불빛이 창문에 가득하다
외줄의 전선에 연결된 살림살이의 내력들

밤샘 근무로 봄볕을 드르륵 박거나
용접으로 불꽃의 잔영을 털며 들어서거나 혹은,
리트머스 답안지 가득한 책가방이거나

과열된 꽃잎들이 떨어진다

녹였던 쇠붙이만큼 굴절을 견디며 남아 있던 나뭇가지들은
몇 달 밀린 관리비 내역을 끌어안는다
푸른 잎들이 수피의 계단을 성큼성큼 오르는 중이다
계단을 내려간 어둠이
반지하 봄날에 가서 불 밝히듯 꽃등을 켜고 끈다
가끔 바람이란 바람 다 맞지만
따뜻한 순간은 푸른 기다림에서 오는 것을 알고 있다

어린 딸이 깎아내는 연필심 소리
졸음에 겨운 그림일기를 적고 있지만
등이 꺼지지 않는 거북빌라
기억은 언제나 환한 불빛에 콘센트를 꽂는다

물류창고를 지나가는 해의 일일 근무표

차곡차곡 쌓인 컨테이너 물류창고 이곳의 햇살은 다국적으로 모여든 소음의 부화장이다 힘 좋은 정오가 번쩍, 컨테이너를 들어 옮기는 풍경은 가끔 애국가 두 번째 소절에서 등장하기도 한다

긴 항해 끝 트레일러에 실려 온 무게들이 이주의 절차를 기다린다 경비의 안전봉은 제 빛깔을 내지 못하고 분주하게 달아나는 소리만 쫓아다닌다 햇빛을 불러들인 미세먼지는 시속 10km 지게차 엔진 속으로 슬쩍 숨어들어 밀입국 중이다

뒷걸음치던 그림자 하나 호루라기에 화들짝 놀란다 잠자리 한 마리 햇살 그림자 위에 앉으려다 달아난다 매직펜을 입에 물고 종종걸음으로 걷던 회색 작업복이 목장갑을 벗어들고 컨테이너 그늘 속으로 들어간다

먼지를 재우기 위해서 뿌려진 바닥의 물기에도 몇 마리 멸치가 헤엄칠 것 같은 부둣가, 점점 무거워지는 햇살을 하역하고 있다 지상의 모든 그늘을 만들어 내는 분주한 발자국들 햇

살은 조금씩 그림자를 요리하며 거대한 물류창고 로고를 통과한다

오늘 일지에는 동중국해를 지나서 온 언어가 기재된다

가자지구* 체리나무

주인 없는 사막을 건넜습니다 속살 여린 과즙의 땅 먼지를 닮은 햇살은 붉은 장벽에 머물기도 했습니다 건조한 봄, 단맛들이 몇 그루 체리 나무에서 익어갔습니다 트럭이 며칠째 검문소 앞에 정차해 있고 왼쪽 창으로 들어온 총알이 오른쪽 창문으로 나가기도 했습니다

예언의 안쪽으로 흘러드는 비밀의 질감, 지중해를 건너온 바람은 빈털터리가 되고 체리 한 알에 든 애벌레는 몸을 조금씩 돌리며 또 다른 방을 만듭니다 발 디딜 틈 없는 아이의 울음과 웃음은 지금 어느 표정에 봉쇄되어 있을까요

체리의 맛이 짓물러 가는 검문소 앞, 푸른색은 모두 하늘로 날려갔습니다 이제 이파리가 가라앉고 나면 늙은 체리나무에 다시 꽃이 필 것입니다 쫓겨난 우주의 맥박 같습니다

---

*팔레스타인 남서부, 이집트와 이스라엘 사이의 지중해 해안을 따라 길이 약 50㎞, 폭 5~8㎞에 걸쳐 가늘고 길게 뻗은 지역.

제3부

옛사랑

비는 오고 흐린 순대국밥을 먹네
꽃잎처럼 들어 있는 비계 한 덩이
여전히 입안에서 물컹거리는 이름인데
매운 고추를 씹었던 때와 같이
서둘러 찾았던 물과 같이
비는 허둥대며 내린다
서로가 잡으려 했던 중심과
세상의 파장이 달랐다는 말보다
그냥, 서로 좋아했던 유행가가 달랐다고
느닷없이 오늘처럼 비가 내렸다고
인사라도 나누고 싶은데
순대는 터져 늙은 입맛이고
뚝배기의 온도도 국물의 온도도
아직은 따뜻한데 지나간 것은
훌훌 마실 수 있다고 누가 그랬나
순댓집 문을 열고 들어서는 사람과
문을 열고 나가려는 사람을
허기는 따지지 않고 토렴(退染)을 한다

개심사 가는 길

누군가 닫힌 마음을 이야기했다면
그것이 오래된 학습으로 혹은 처세술로 박제된 시간의 무늬였다면
개심사 오르는 돌계단에 세워놓으리
깊은 한숨을 첫 문으로 세워둔 곳
어느 오르막 마음도 열 수 있으리

꽃 시절의 얼룩이 남아 있는 그늘
물소리는 성하고 적막은 지쳐 있다
염주처럼 이어온 발자국은 무엇을 들으려 하는지
어둑한 욕망이 소나무 아래 차곡차곡 쌓여 있다

사람을 밀어내는 것이 바람의 방향뿐만은 아니다
한쪽으로 기울어지는 그림자와
행간마다 덜거덕 걸려드는 이름과
예고 없이 떨어지는 여름 바람 몇 잎,
예매된 편도 기차표를 닮아 있다
해탈문으로 향하는 외나무다리에 서서

섞이지 않는 한 줄을 본다

같은 방향을 걸어왔으되
눈 속에 담긴 풍경은 서로 달라
아무렇지도 않게 툭툭 서로의 가지를 쳐주는
지난겨울 배롱나무 목탁 소리가 뒤늦게 도착한다

네오포피아

아픈 곳마다 고집이 있다
몸에서 가장 먼저 얼룩이 드는 곳
순환으로 한 번씩 돌 때마다
변명이 꾸역꾸역 처방전으로 모여들었다
익숙해질수록 헐거워지는 것일까
한 자세로 앉았던 자리에서 문고리를 잡고 일어설 때까지
끄응, 고집과 다투시던 할아버지
늘 지고 마는 쪽은
뭉쳐 있는 곳을 풀려는 자리였다

휘어진 자세로 굽어진 물푸레나무 둥치
누군가의 고집으로 묶었던 흉터가 선명하다
더는 뻗어 나갈 수 없어 삐죽이 나온 잔발이
어린 괭이풀을 품고 있다
통증은 자신을 스스로 낮아지게 만드는 것일까
덮고 있는 흙에서
입김이 흰 수염처럼 새어 나온다

다시 불협화음이 길게 신호를 보내온다
고집이 움직이려고 웅웅 소리를 낸다
겨울비가 잦아든 오후
몸의 곳곳이 찌르르 운다

유리 부스 사이의 제례(諸禮)

개양귀비 씨방이 무게를 견디는 오후다

사인용 테이블에 딸린 의자들은 모두 꽃밭을 내다본다
드럼의 표면을 지나가는 브러시같이 낮게 내려온 공중을 쓰는 초록의 끝

구석진 곳에 혼자 앉은 찻잔은 비워진 지 오래다
휴대전화 액정을 열었다 닫는 사이
옆에 놓인 생수병이 지루한 차례를 기다린다
신념이 강한 옆 테이블은 성경 구절을 가져다
허락 없이 찻잔 앞에 놓는다

부스 밖 세상에는
뒷길이 있고 담 그늘이 있고 파라솔과 파라솔 사이의 가식이 있고 모란 씨앗이 몰래 떨어지고 키가 큰 꽃은 바닥에 붉은 접시를 홍건히 깔아놓고 온몸으로 균형을 잡으려 애쓴다

사는 일은 단정 지을 수 없다고

흰나비 한 마리, 이곳저곳으로 소문을 나르고 있다

모든 노래가 한 구절이 끝날 때마다 박수갈채를 받는 건 아니지

누군가 카페 창을 닫으며
막 내리기 시작한 비의 데시벨을 차단한다
내일 또 웃으며 만나야 할 사람들의 교양 있는 표정 앞에서
빗방울은 제각각 길을 내며 창을 타고 내린다

비는 가장 먼 걸음이 오는 일이라고
초록의 끝들은 무거워진다

끈

노인 병동에는 환자복들도 기력이 없다
간호사가 곱게 갠 환자복을 두고 나간다

이곳에서는 옷이 주인이다
옷에 갇혀 있는 동안 바깥 풍경은 점점 멀어진다

제외된 꽃잎들, 사라진 목소리들 활활 타올라 혼미해질 무렵 비로소 내려놓아야 했던 시한(時限)
자신을 이긴 자만이 자유롭게 떠날 수 있다

죽음을 돌려 입듯 돌고 도는 환자복들

줄무늬 열고 나올 수도
그 안에 영영 갇힐 수도 있다

어떤 옷은 때로 천근의 무게다

어쩌다 오늘

어제와 다른 옷을 입은 하늘을 보네
멀리 도로 건너편
어쩌다 오늘은 길 건너편이네
아파트 신축 현장도 주유소 불빛도
대형스크린처럼 펼쳐진
해안 도시의 바다를 보며
서풍 흔들의자에 앉아 흔들리네
치칙 밥 끓는 소리가 달리고
맥박처럼, 시간 같은 건 재지 않기로 했네
그냥 이쪽 아니면 저쪽이 되기로 했네
평범해서 너무 평범해서
어쩌다 이런 날도 있겠거니 했네
건조대에 일렬횡대로 삶은 빨래들
무풍을 지나가는 돛같이 널어놓고
오늘의 감정이 어디로 튈지
그냥 내버려 두기로 했네

풍금

어린 소란이 떠난 곳마다
낙서들이 자막으로 남아 있다
이곳에서 오래전 내 웃음의 절반을 사용했다
아무리 삐걱거리며 기억을 밟아도
보폭 커진 무늬들만 먼지 위에 음각으로 선명한 시간
젖니 빠진 음표들은 다 날아가고
바람이 모두 흩어진 풍금이 잘린 음절로 늙고 있다

창밖에서 한 그루 편백이
저음으로 흔들리는 오후
운동장에 수없이 찍혔을 발자국 위에도
이젠 잡초가 피어 있다
어느새 기억은 오후의 모습으로
저 철봉에 흔들흔들 땅에 닿을 듯 말 듯 매달려 있다
풍금의 페달을 밟는다
유년이 편백나무 속으로 돌아가는 시간
길쭉한 바람이 언뜻언뜻 건반을 옮겨 다닌다
붕붕거리던 한 시절은 먼지가 되었다

바람이 모두 빠져 가벼워진, 더는 마주 들기에 너무 가벼운 풍금
어릴 적 그 바람의 무게

깨어진 창밖으로 부는 저 풍금 소리
누군가 편서풍을 불러와 열심히 허공을 밟고 있다
절반의 웃음만 남은 얼굴이
폐교를 나서고 있다

뻐꾸기

음력 정월 초하루
팔순 친정어머니와 새벽을 맞네

스물넷에 시집온 이후
쉰이 넘어 내 어미와 함께한 첫 명절이네
겨우내
사금파리 골라내던 화전(火田), 옛집에서
석 달 열흘 뒤에 닿을 봄을 기다리듯
가쁜 숨소리에 놀라 잠이 깬 새벽 네 시
하릴없이 들숨 날숨만 바라보고 앉은 딸에게 기대어
어머니,
처음 응가를 가리는 아기처럼
기저귀를 빼고
야들야들한 꽃무늬 단속곳을 입고
마지막 남은 자존심을 아스라이 버티시네

수없이 지른 불씨에 가슴이 다 타버린 어머니
요양병원에선

밤새 몇 번이고 들락거린다는 화장실을
한 번도 가지 않고 주무시네

12월

집 나간 누이의 기별이 찾아들었다

계단마다 다복다복 쌓이는 눈처럼
가볍게 등을 내어 달라는 부탁
진화를 체지방처럼 찌우는 동안
5분 거리에 있는 세상이 한없이 멀더란 말

손끝에서 돌리던 볼펜을 멈춘다
머그잔에 결명자 씨앗을 넣는다
유전자가 붉게 번져간다
온전한 것은 지금, 이 순간뿐

억누른 욕망이 치밀 때마다 손가락 끝을 땄다
얼음이 녹듯 느리게 핏방울이 떨어졌다

한때는 모두 싱싱한 가시가 있었다
생각으로 붙잡지 않는다면
알려고 하지 않는다면

버릇만 잊어버린다면
보는 것도 아니고 보이는 것도 아니다

사사건건 발목을 잡고 늘어지는 어제를 위해
연말 세일 광고지에서 만 원어치의 웃음을 산다
팔짱을 낀 손이 풀린다
잘 마른 수건으로
황폐하고 불안한 지붕을 닦는다

네일아트

좀처럼 오지 않는 기별을
더는 기다리지 않기로 한 저녁

내 슬픔은 쉬지 않고 자라나요
자를 수 없는 시간을 걷던 별은 살아 있는 발자국을 신고 설산을 돌다 와요
붉은 꽃잎 뿌린 길 위에 연한 초승달을 걸어요
열 개의 싱싱한 웃음을 기다려요

필요한 생의 중독을 위해
구름을 따서 물방울무늬 이불을 만들어 볼까요

컬러는 화려하게
액세서리는 달콤하게

당신과 나의 틈처럼

너훈아

그가 죽는 순간까지 사람들은 그를
너훈아라고 불렀다.

차가운 조명 아래서 노래를 부르는 동안 그는 어디에 은닉되었었을까. 술에 취한 손님에게 멱살을 잡히고 ㅏ와 ㅓ의 간극에서 표류할 때도 그의 저항은 빌려 입은 보스의 품위를 잃지 않는 것이었다. 노래는 닮아 있으면서 다른 이름일 때만 가능했다. 무대에 서 있은 모창의 시간을 지운다면 김·갑·순, 그는 참 단명한 사내다. 남의 이름으로 산 세월을 빼고 나면 본명은 허공의 문고리 같은 어리둥절한 눈빛이다. 원조의 인생을 꿈꾸었던 어긋난 한 획처럼 그가 걸었던 최면과 희망은 가슴에 찬란한 병으로 키워온 조명이었을까. 비슷한 목소리가 사라질 때 비로소 그의 본명도 뒤따랐다. 재차 되물었던, 혁대를 풀려던 5분간이 진정한 그의 생은 아니었을까. 참 즐거운 가명이었다.

가끔, 진실보다 아름다운 가짜의 플롯이
생을 꽃피게 할 때도 있다.

터닝포인트

말흘리 370-1번지* 한 폭의 고요 사이로 산빛이 몸을 푼다

골다공증을 앓던 헐렁한 몸을 일으켜 길 잃은 저녁, 손을 뻗거나 주술을 읊거나 두근거리는 심장은 자주 눈물겨웠다 무덤 속에서 내성이 생기도록 아스피린을 먹었다

삐걱거리는 의자에 기대 걸어온 길을 본다 사진 속의 해변은 언제나 한 계절에 멈춰 있다

사내 게시판에 여자의 결혼 소식이 올라오고 붉은 볼펜으로 눈 쌓인 언덕에 열매 하나를 지우는 시간, 가물거리는 첫정의 온도를 위해 늙은 악사의 기타 소리를 듣는다

입구와 출구를 순례하던 대지의 비밀에 귀를 연다 먼지를 털자 기록된 과거가 짙은 잉크로 번져간다

검은 솥단지 속에서 빙하기를 견뎌온 사제들이 가슬가슬한 옷으로 갈아입고 마지막 포도주를 마신다

오랜 잠에서 깨어난 눈동자, 축축한 회로를 걸어 나온다 깍지 낀 손을 풀지 못해 아직 세상을 만져보지 못했다 부은 발등을 감싸고 이어폰을 꽂는다

남은 바닥에 기대 다시 여행 가방을 싸고 역광의 길 따라 출발할 일만 남았다

---

*말흘리 출토유물 특별전 〈땅속에 묻힌 염원〉.

초대

벚나무 아래 나무 벤치
햇살 장판 깔렸습니다
손을 대보면 미열의 이마를 짚었던
손바닥입니다

세상의 벤치들은 모두 초대장 같습니다

페이지가 넘어가지 않는
빈 들판을 바라보고 있습니다
연두색 칠이 벗겨진 결마다
꽃무늬가 촘촘 박힙니다
불면 날아가는 봄날일까요 아니면
털갈이 중인 순한 짐승일까요

다시 계절이 바뀌었는데
가난한 가지에서 새처럼 날아든
나뭇잎만 들뜨고 있습니다

누군가 앉았다 갈 듯하여
막 시작된 봄날의 자리
작은 돌멩이 같은
비밀 하나 눌러놓습니다

귀로

삼짇날 붉은 꽃 속에 든 어머니, 젊은 아버지와 신방을 차리고 떠났다 심장에 귀를 대고 반닫이를 지키던 놋쇠 물고기도 마른 바닥에 내려앉았다 한낮의 안개처럼 엷어진 시간, 미처 따라가지 못한 옷 한 벌 남았다

덜커덕, 소리가 열릴 때마다 삼밭에서 불던 바람이 씨줄 날줄로 들어서고 간혹 환각처럼 다녀가던 아버지, 수런거리는 현기증을 반닫이에 가두었다 건조하게 남은 뿌리를 견디느라 밤마다 바람을 짜 넣었던 것일까 모서리마다 성긴 무늬가 걸어 나온다 저 결마다 달이 차오르는 기다림과 짧았던 정인과의 저녁 밥상을 빚어 넣었을 것

노을에 불씨를 지핀 잔가지가 탄다 어머니의 일생이 물이 빠져 흰색으로 날아간다 문이란 문 모조리 열어 배웅한 물고기, 문고리를 놓치고 누워 있다

제4부

아람치

요양원으로 들어간 작은 당숙모 문병 길에 재종 오빠와 늦은 점심을 먹는다 자식이 없는 큰 당숙모에게 작은 당숙모가 데려왔다는 재종 오빠, 초등학교를 겨우 마친 소년이 하는 일이란 몸보다 큰 지게를 지고 산에서 나뭇단을 져 나르는 일, 언 땅이 녹아내리던 날 뒤늦게 얻은 당숙의 어린 아들을 위해 학교 가는 진흙탕 길에 짚을 뿌리는 것도 그의 몫이었다 사람들은 그를 새끼 머슴이라 불렀다 고공살이 자갈밭이 명당이 되어 팔리던 날 당숙이 마흔을 넘어 본 귀한 아들은 군 면제 판정을 받았다 천막 가게 말단 사원에서 5층 상가 건물 주인이 되어가는 동안 의붓아비는 세상을 떠나고 고급 관리가 된 그 아들이 어미를 외면했다 국어사전엔 아람치라는 말의 유의어는 낭탁(囊槖)이라고 나와 있다 자기 몫을 하는 것과 자기 것만 챙기는 그 사이에서 의붓효자를 둔 어미는 측은하기만 하다 재종 오빠, 덤받이라는 말에 평생 붙잡혀 살았다 맨몸으로 건너온 애증의 시간이 그의 얼굴에서 땀으로 천천히 흘러내렸다

바람의 기호

만어사 너덜지대*
바람을 탄 바다가 산으로 올라왔다
의식의 그물망에 갇힌 만 마리 물고기가 방생된다
욕망의 바늘에 걸려 불어터진 입이 둥둥 떠내려간다
포스트잇을 붙인 채 일 중독 지느러미가
일렁이며 따라간다
촉수를 잃어가는 부력을 꺼내 켜고
애인의 촉촉한 입술을 조명하던 싸구려 연민도
지층 아래로 사라졌다
기억의 외딴방에 들려 가끔 과거의 감정을 덧씌운다
안개가 바람을 조절하며 수음한다
누군가 벗어놓은 고탄력 스타킹에
뭉텅 물비린내가 묻어난다
전생이 빠져나간 돌 껍데기에서
궤적을 겹겹이 감아온 실타래가 둥둥 법고 소리를 풀어낸다
천년의 등고선을 벅벅 닦다
혀를 가두고 면벽 중인 미륵,
벌렁거리는 아가미 속으로 법구경을 밀어 넣는다

빈 시간이 앉아 기다리던 내 몸이
바람을 길러낸다

---

*경남 밀양시 삼랑진읍 용전리 만어산에 있는 만어석(萬魚石).

다랑논

빈 논에 꽃무늬가 둥둥 뜬다
한철 물 위에 뜬 바람의 파문 아래로
구불구불한 문장이 파종을 기다리고 있다

물이 흐르는 계절에는 푸른 계단이 생기곤 했다
산이 듣고 버린 소리가 논둑에 모이고,
우렁이 지나간 길을 걸어 오빠가
공고(工高)에 갔다

지나간 시간엔 단역의 얼굴들이 있다
첫새벽 장화에 든 헐거운 온기가 절벅거리는 소리
넘어진 질곡들이 편안한 자세로
표정에 들어 있다
늘 힘센 시간을 따라가기만 했던 아버지
그 억척의 맥박을 따라 조곤조곤 풀어지고 있는
긴 고랑이 지금,
아버지의 구부정한 등에 심어진 파종을 해석한다

아마도 봄이 없었으면 아버지도 없었을 것이다
무뚝뚝하게 온갖 곡물을 피워내던 솜씨
그 겹겹의 기억마다 따뜻한 눈물이 가둬진다
오늘도 모서리가 조금 닳고
워워, 끌려가는 날들을 잡고 선다

서해에서

비어 있는 것들에게도 당도할 기슭이 있구나
한랭전선이 통과한 서쪽 바다
북서풍의 물살에 빈 형체들이 밀려온 방파제를 본다
텅 빈 깡통과 플라스틱 용기 안에
찰박거리는 물소리가 가득 들어 있다
망망대해를 건너온 저 빈 여정들엔
모두 이국의 문자가 적혀 있다
가벼운 방향으로 밀려온
혹은, 밀려간 어느 순정이
당신의 동쪽이었을까

시간은 둥둥 떠서 흘러오는 것일까
깊은 뭉치의 물길이 밀려와
얇은 파도의 끝자락으로 쌓이는 해안
소리만 요란한 부유물이다
바다가 혼잣말을 쌓고 있다
멀미 앓고 사방으로 흩어져 있다

물 위에 무덤을 파는 이국의 문자들
익사체에 시작점 692 바코드가 일렁인다
끊임없이 울렁울렁하며
서해의 모세혈관을 통제 없이 떠돌아다니고 있다

물음들

이 숲길은 많은 물음을 그늘로 덮어 놓았다
비석 없는 봉분과, 몸을 빼앗긴 깃털
그 곁에서 속절없이 살아가는 풀들
깨트릴 사발도 없는데 다녀간 간밤 흉몽이
발밑까지 내려가 그들과 합류한다

바람이 마른 꽃잎을 걷어주는 동안
나무는 바람의 소리에 귀를 기울인다
놓아버린 것이 있어 다행인 늦가을
돌올한 낮달이 나뭇가지 사이에서 표정을 숨긴다
날이 풀리고 있는지
흉몽도, 봉분도 잘 스며든 물소리도
뭉근히 떠오른 해를 핑계로
따사로운 걸음으로 흘러간다

사람이 걸어오는 반대 방향으로
걸어보기로 한다
맨발의 낯선 길을 완독 후

등허리 골을 타고 흐르는 땀줄기처럼
우회의 길을 되짚게 하는 물음들

어디쯤에서 내 발걸음은 멈출 것인가

그네

바람이 앉아 있는 그네들 위태롭다
오후 햇살이 가파르게 무늬를 남기며 뛰어가는 놀이터
세상의 꽃들은 왜 요람을 닮았을까
이 꽃 저 꽃을 살피던 노인이 그네에 걸터앉는다
오래전 불러주던 이름들이 출렁인다
출렁이는 이야기들 속으로 들어가면 다시
울렁거리는 일들이 된다

묵은 껍질 같은 질문이
이마를 긋고 간다

수십 개의 그네가 들어 있는 노모의 근황
유쾌한 반란을 일으켜 어린 날로 되돌아갔다
딛는 자리마다 먼저 와 기다리던 탄식이
이제는 꽃으로 피어나
노모의 등이 점점 뼈와 가까워진다

멀리 약국집 간판이 번져간다

정박 중인 폐지 손수레가 그네를 바라보고 있다
그네는 무게를 얹지 않고도 흔들린다
너무 많은 헛방을 쏟아놓으려 자주 기우뚱거린다
떠도는 유전자가 그네를 부리는 저녁
세상 꽃들 어두워지고
놀이터 구석에 담뱃불이 반짝 점멸한다

작은 성(城)

은밀한 성문 안에선 꽃향기가 요란스럽다. 왕위를 잃고 추방된 왕들이 찾아드는 곳 네온사인의 꽃밭을 지나 한 달 치 월급이 잠행한 돌다리를 건너 작은 성에 이르면 그는 새로운 왕으로 등극된다.

왕좌를 수호하는 동안 가끔, 음악이 뒤집히고 술잔이 날아다니는 전쟁이 일어나기도 하지만 이곳은 유능한 웃음의 신하들이 항시 대기 중이다.

중년의 공주는 농익은 웃음으로 왕의 마음속 깊을 곳을 두드릴 줄 안다. 햇빛에 잘 마른 수건처럼 쓸쓸함이 점묘법으로 터치되면 성 밖의 숲은 까마득히 잊어버린다.

태평성대의 유효기간은 거기까지다.

담장은 언제나 새로운 왕으로 교체되는 왕국을 지키고 있지만 떠나는 왕들이 한때 그 왕국의 왕이었던 사실이 알려질까 두려워한다는 것. 봉합된 기억이 성문을 나설 때 누구나 그

자리에 앉을 수 있는 왕좌는 혼몽한 권리로 다시 푹신해진다는 것.

밀밭은 풍년이고 측은한 백성을 거느리고 있는 붉은 얼굴의 가난한 왕이 휘청거리며 걷는 길

여전히 작은 성엔 왕들이 넘쳐나고 성 안은 훙청거린다.

인터뷰

심장에 욕보여야 사는 일이 가능한 것들도 있다
먹이사슬 가장 가까이서
후진이라고는 없는 휘어진 길을 만들며
씨앗을 키우는 호박들

얼기설기 설치된 낮은 그물망 속 채마밭
연초록 푸새들이 물결처럼 번져간다

출입 통제선 안은 희생을 담보로 하는 것이라고
들씌워진 전통을 사는 동안
당신은 생존의 서늘함을 녹이느라
시간에 맞춰 넘겨야 할 알약들이 너무 많았다

장래 희망이 배신하지 않는 애인이 되는 것이었지만
연인이 사소한 인연이 되었을 때
살아온 세월만 있을 뿐 아프진 않았다
그건 말이지
혼자라는 안락함을 음미하며

젖은 양말을 벗고 발을 말리는 일 같은 것
해도,
우리 사이에 절박한 약자가 있기는 했던가

일기예보를 건너뛴 한여름의 오독에 갇힌 날
들려줄 대책은 없는데
그칠 듯 지루해진 비는 내 어깨를 자꾸 두드린다
바람은 공평하게 불고

아름다운 독

뇌경색이 다녀간 뒤
푸른 노인병원 3층 3호실
마른 새우처럼 웅크린 여든 노모

인기척에 슬며시 떴다가 도로 눈을 감는다
꼭 붙잡아 두라고 타일렀건만
초점은 잠시 방심한 사이 또 집을 나갔다

부지깽이 들고 달려들던 어머니는 어딜 가셨나
끝내 말을 놓아버리고 간혹
나흘 전의 일이 어제로 돌아와
심장에서 머물기도 한다

머리 쓰다듬고 엉덩이를 토닥여야 겨우 일어나는,
지난날과 화해도 하기 전
시든 콩깍지처럼 이지러졌다

무거운 짐 내려놓고

근심 걱정 모르는 철없는 네 살과 만나고 있다
가장 아름다운 한때를 살고 있다

환절기

당신을 배웅한다
은하수공원 1-8-723번지
저장강박증이었던 여자의 트렁크는 텅 비어 있다
소소리 바람이 머무는 곳에서
가벼이 숨죽이며 살았던,

가출이 실종으로 표기되는 안전안내문자가
액정화면에 걸려 펄럭인다
묘지 둘레길을 걷던 표정에서
후렴구처럼 담배 연기가 흩어진다

이것은 산 자들의 위로 방식
그예 생몰연대 앞 객석 마른 잔디는
내 뼈에 남아 있는 물소리를 들으려 했던가
거리를 표류하던 늙은 발자국
너무 가볍거나 실은 너무 무거워서
집을 무서워했는지 모른다

당신과 나 사이에 묻어둔 말의 향방과
비닐봉지 속의 가면과
늘 다른 곳에 머무는 비의 침묵에 대해,
끝내 흘려보내기 위해 있는 것이라고 말해주지 않을까
변절기가 빠져나온 부엽토 아래
유서를 심는다

소통

뒤뜰 매화나무 꽃망울
메시지 알람 소리처럼 핀다
잔설 바람에 온몸을 씻는 마른 가지가 아프다
함부로 기침도 하지 못하는 이 계절
방아쇠 증후군을 앓는 손으로 당신은
쌀뜨물 같은 곰국을 준다

미래에서 보내온 문장에는 금기된 빛이 따라온다
헤아릴 수 없는 매화나무 자잘한 소등(燒燈)이
이곳의 풍토로는 도저히 해독이 닿지 않아
그래서 네가 하고 싶은 말이 뭐지?
적외선 카메라처럼 똑같은 질문만 해대다가
달의 주기에 현기증을 느끼는 때
멈춰선 결말이 화르르 지는
나무 그늘만 같아도 좋겠는데
탁, 탁, 목조주택의 몸 비트는 소리를 듣는다

까치 한 마리, 나뭇가지를 물고 날아가고

헌식대에 놓인 빵가루가 흩어진다
서로를 모르면 맛이 없긴 해,
봄의 생업인지 과업인지
날짐승들은 제 몸에서 나간 음색으로 무한과 섞이고 있다
그러거나 말거나
누군가는 요란하게 한 생을 시작하고
해열제도 없이 유행병이 깊어 피신 중인 며칠을 두고
푸른 배내옷을 짓느라
홍매화는 더욱 붉어질 것이다

가절(佳節)

저무는 날
심드렁해진 나이들이 모였다
이즈음은 제 나이를 밟는 일에도 조심스러워
머뭇거리거나 더듬거리는 일 잦다
밀린 숙제를 하는 표정으로 사내는
엘피판을 턴테이블에 올렸다
모든 노래의 속도를 꿰뚫고 있다는 듯
우아함으로 무장한 여자는
모란 더미인 듯 작약 더미인 듯
팔짱을 낀 채 깊숙이 몸을 숨겼다

요령부득 팝에 난청인 이가
자신을 타인처럼 앉혀두고 있을 때
텃세 거친 그곳에 젊음을 봉헌한 중년의 사내들은
늦가을 저녁 같은 표정들이다
모두 다 나이에 끌려왔거나
나이를 끌고 여기까지 온 사람들
백석이 사랑하는 여자를 기다리는 카페 유리창엔

오후 내내 빗방울이 돋고
양 갈래로 머리를 묶은 여주인은
비워진 찻잔에 더운 물을 채웠다

누군가에겐 내일이 궁금하고
또 누군가 무진장의 시간을 건너는 중이라 한들
어차피 한순간을 사는 일
이해한다 해서 가까워진다는 걸 믿지는 않지만
이미 지나온 시절에 대해선
고수가 된 사람들끼리 한 치
삐끗하는 추파 없이도 아름다울 수 있다

저녁이 올 것이다

직박구리 무리의 소란이
이 나무 저 나무로 옮겨 다닌다
솎아진 잡초들이 말라간다
악착같은 뿌리는 아직 욕망을 버리지 못했다
짐짓 눈치 빠른 방가지똥 재빨리
씨앗을 터트릴 태세다
가시로 무장한 몸을 끊어내고
있는 대로 식솔부터 뿌려놓고
푸른 점유권을 주장한다
편견은 가지런해지거나 헐렁해진다
여린 심장이 땅을 안고 바짝 엎드린 채송화를
한 삽 한 삽 구덩이를 파고 옮긴다
지독한 집착이 밴 자리에 흙을 고르고
바람이 살갗을 비비며 전해주는 기척을 심는다
꽃잎이 절반쯤 웃음의 문을 닫는다
이내 먼 곳 별빛의 온기가
전사의 무릎을 덮어주는 저녁이 올 것이다
호미 끝에 여름이 녹슬어 간다

해설

생이 아름답다는 말을 써야 할 때

장예원(문학평론가)

1. 비어 있는 것들에게도 당도할 기슭이 있구나

인간은 매일 할당된 8만6천400초를 노잣돈 삼아 시간을 소진하는 여로에 있다. 주어진 시간이 지나갈 때마다 우리는 추억이라는 풍경을 얻는 대신 죽음에 한 걸음씩 가까워진다. 그러므로 삶은 살아가는 동시에 죽어가는 과정이다. 시집『여기까지가 인연입니다』는 이러한 인생의 여로에서 펼쳐지는 풍경들을 지나치지 않고 눈에 담겠다는 시인 진서윤만의 방식이 느껴지는데 이것이 곧 그녀만의 시적 형식이기도 하다. 특히 그녀의 시들은 빛과 시간에 민감한 양상을 보이기에 마치 한 편의 인상주의 회화를 보고 있는 듯한 착각에 빠진다. 빛을 예민하게 감지한다는 사실은 시간의 흐름을 인식한다는 것이며 햇살 속에서 생생하게 살아 있던 사물들, 그리고 그것들이 맞이하는 소멸과 그에 따른 애수를 담고 있음을 의미한다.

한 줄기 빛이 제 몸을 꺾어 드는
공구점 안 청년은 작은 기계 하나를 열고
어디쯤에서 끊어진 회로를 찾고 있다
기계 안은 온통 먹구름이다
낡은 책상 서랍에 붙어 있는 스티커처럼
엇박자가 되어버린 나사
기계에 연결된 뭉툭한 꼬리 같은 콘센트
사이에서 대립 중이다

누구나 한때는 중심에 서 있었다
제 코드를 해독하지 못하고 끊어진 바람 혹은
어딘가에서 끌려온 시린 은빛도 그러했을 것이다
웅크린 청년의 수신호는 강하다
가끔 궤도를 가늠하듯 이마를 다녀가는 빨간 손바닥
굴절을 수리할 만큼 환심을 사려면
절박해야 한다는 걸 안다
그의 손이 햇빛을 끌어들인다

막 먹구름을 벗어난 기계 속을 쨍하고 비추는데
이제야 찾았다는 듯 햇살 줄기를 잇고 있다
쭈그리고 앉은 종아리를 타고
한쪽 발에서 미세한 전류가 저릿하며
청년의 자세로 막 들어간다

—「햇살을 수리하다」 전문

차곡차곡 쌓인 컨테이너 물류창고 이곳의 햇살은 다국적으로 모여든 소음의 부화장이다 힘 좋은 정오가 번쩍, 컨테이너를 들어 옮기는 풍경은 가끔 애국가 두 번째 소절에서 등장하기도 한다

긴 항해 끝 트레일러에 실려 온 무게들이 이주의 절차를 기다린다 경비의 안전봉은 제 빛깔을 내지 못하고 분주하게 달아나는 소리만 좇아다닌다 햇빛을 불러들인 미세먼지는 시속 10km 지게차 엔진 속으로 슬쩍 숨어들어 밀입국 중이다

뒷걸음치던 그림자 하나 호루라기에 화들짝 놀란다 잠자리 한 마리 햇살 그림자 위에 앉으려다 달아난다 매직펜을 입에 물고 종종걸음으로 걷던 회색 작업복이 목장갑을 벗어들고 컨테이너 그늘 속으로 들어간다

먼지를 재우기 위해서 뿌려진 바닥의 물기에도 몇 마리 멸치가 헤엄칠 것 같은 부둣가, 점점 무거워지는 햇살을 하역하고 있다 지상의 모든 그늘을 만들어 내는 분주한 발자국들 햇살은 조금씩 그림자를 요리하며 거대한 물류창고 로고를 통과한다

오늘 일지에는 동중국해를 지나서 온 언어가 기재된다

—「물류창고를 지나가는 해의 일일 근무표」 전문

「햇살을 수리하다」와 「물류창고를 지나가는 해의 일일 근무표」는 시인의 현실에 대한 객관적 인식과 주관적 정서를 드러내는 데 회화성을 활용하고 있다. 상실감이 불러일으키는 감상성을 어떻게 해서든 조형예술의 형태로 바꾸어보려는 시인의 고군분투가 엿보이는데, 이 때문에 불필요한 수식이나 불안의식이 겉으로는 드러나지 않아 감정의 절제미를 획득하고 있다. 「햇살을 수리하다」의 주체는 "한 줄기 빛이 제 몸을 꺾어 드는/공구점"에서 "어디쯤에서 끊어진 회로를 찾고 있다". 청년의 속사정은 구체적으로 드러나지 않지만 "한 때는 중심에 서 있었"던 사람일 수도 있다. 지금은 "기계에 연결된 뭉툭한 꼬리 같은 콘센트/사이에서 대립 중"이지만 말이다. 그래서 "기계 안은 온통 먹구름이다"라는 시문은 아직 햇

빛이 비치지 않는 어두운 공구점의 시공간적 특징을 설명하는 것이기도 하지만 청년의 현실 상황에 대한 비유적 표현으로 중의적 의미를 지닌다. 사소한 일이지만 절박한 마음으로 "그의 손이 햇빛을 끌어들"이자 기계 속은 먹구름을 벗어나게 되고 "이제야 찾았다는 듯 햇살 줄기를 잇고 있다". 그는 "어디쯤에서 끊어진 회로를 찾"은 듯 보인다. 그런데 주목할 점은 빛의 이동에 따른 공구점이라는 공간의 변화와 주체의 움직임을 섬세하게 회화적 이미지로 재현한 이 시를 마주하는 우리는 알 수 없는 비애감과 공허감에 빠지게 된다는 사실이다. 그것은 직접적인 정념적 표출을 하지 않았음에도 "제 코드를 해독하지 못하고 끊어진 바람", "어딘가에서 끌려온 시린 은빛", "웅크린 청년", "쭈그리고 앉은 종아리"라는 이미지들에서 연상되는 알 수 없는 슬픔이 전달되기 때문이다. 이것은 풍경의 재현과 그것을 응시하는 시인의 시선이 고독하고 슬프기 때문일 수도 있다. 어떤 이유가 있어서 슬프다기보다 그녀의 시선, 그녀의 정서가 슬퍼서 묘한 애상감이 발현된다.

이러한 시적 효과는 「물류창고를 지나가는 해의 일일 근무표」에서도 마찬가지이다. 이 시의 공간적 배경은 부둣가에 있는 물류창고이다. 주로 "컨테이너를 들어 옮기는 풍경"이 회화적으로 묘사되어 있지만 "이곳의 햇살은 다국적으로 모여든 소음의 부화장"이나 "애국가 두 번째 소절", "분주하게 달아나는 소리"라는 청각적 심상도 자주 보여 구체성이 더 생생하다. 회화성보다는 영상에 가까운 공감각적 이미지이다. 이 시도 시간에 따른 햇살의 움직임을 감각적으로 형상화하는데 "햇빛을 불러들인 미세먼지", "점점 무거워지는 햇살을 하역하고 있다", "햇살은 조금씩 그림자를 요리하며 거대한 물류창고 로고를 통과한다"라는 표현이 그것이다. 또한 누구나 시청했을 법한 애국가 두 번째 소절에서 등장하는 컨테이너 풍경은 그것이 등장하는 순간이 모든 정규방송이 끝나고 울리는 "삐" 소리와 함께하는 자정이 넘은 시간이기 때문에 우리에게 공유되는 상실감과 고독감이 존재한다. 이렇듯 그녀의 시는 '고독하다', '슬프다'라는 표현이나 내용의 구성 없이도 회화적 혹은 공감각적 조형성을 활용해서 '간결'하고 '뚜렷'하면서도 '건조'하게 슬픔을 전달하는 매력이 흘러넘친다. 그것은 서해까지 떠내려온 빈 깡통들을 보며 "물 위에 무덤을 파는 이국의 문자들/익사체에 시작점 692 바코드가 일렁인다"라고 황량한 풍경으로 묘사하면서도 한편으로는 "비어 있는 것들에게도 당도할 기슭이 있구나"(「서해에서」)라는 세계의 아이러니를 시인이 통찰하고 있기 때문이기도 하다. 공구점, 컨테이너, 깡통을 통해 진서윤 시인이 완성한 미학은 시적인 아름다움이란 발견되어야 할 어떤 것이라는 사실을 다시 한 번 잘 보여준다.

2. 별 사이가 아니란 게 별스럽게 자유를 주기까지

그렇다면 풍경을 바라보는 시인의 슬픔은 어디에서 기원한 것일까? 하이데거는 인간을 '세계 형성'의 존재로 규정하면서 광물과 동물 같은 여타 다른 존재자들과 구분했다. 그에 의하면 돌멩이나 바위와 같은 광물은 '세계 없음' 속에 존재하고 말이나 소와 같은 동물은 '세계 빈곤' 속에 존재한다[1]고 언급했다. 여기에서 인간은 '세계를 소유한', 그의 손에 의해 세계를 변화시킬 수 있는 존재이다. 달리 말해 신 이외의 또 하나의 창조자라고 말할 수 있다. 그런데 『여기까지가 인연입니다』의 세계에서는 '세계 없음'이나 '세계 빈곤'의 존재들의 위상이 '세계를 소유한' 인간의 자리보다 낮지 않다. 그것은 위에서 언급했듯 공구점, 컨테이너, 깡통과 같은 하찮은 존재들을 통해 새로운 시적 미학을 창출하는 시인의 태도에서도 이미 드러나는데 「물음들」에서는 좀 더 직접적인 양상을 보인다.

이 숲길은 많은 물음을 그늘로 덮어 놓았다
비석 없는 봉분과, 몸을 빼앗긴 깃털
그 곁에서 속절없이 살아가는 풀들
깨트릴 사발도 없는데 다녀간 간밤 흉몽이

1) 김광기, 「멜랑콜리, 노스탤지어 그리고 고향」, 『사회와 이론』(23), 2013, p.175.

발밑까지 내려가 그들과 합류한다

바람이 마른 꽃잎을 걷어주는 동안
나무는 바람의 소리에 귀를 기울인다
놓아버린 것이 있어 다행인 늦가을
돌올한 낮달이 나뭇가지 사이에서 표정을 숨긴다
날이 풀리고 있는지
흉몽도, 봉분도 잘 스며든 물소리도
뭉근히 떠오른 해를 핑계로
따사로운 걸음으로 흘러간다

사람이 걸어오는 반대 방향으로
걸어보기로 한다
맨발의 낯선 길을 완독 후
등허리 골을 타고 흐르는 땀줄기처럼
우회의 길을 되짚게 하는 물음들

어디쯤에서 내 발걸음은 멈출 것인가

—「물음들」 전문

숲길의 그늘 아래는 "비석 없는 봉분과, 몸을 빼앗긴 깃털/그 곁에서 속절없이 살아가는 풀들" 그리고 "다녀간 간밤 흉

몽"까지 함께한다. '세계 없음'의 존재인 깃털도 시인은 몸에서 떨어져 나온 깃털이 아니라 "몸을 빼앗긴 깃털"이라는 전도된 사유 방식을 드러낸다. 이는 그녀가 "프로를 꿈꾸었지만/포로가 되어 겨우 홀가분해진 남은 날개가/이따금 허공을 향해서 저 혼자 움직"(「오그린 잠」)이는 "발밑"의 시간을 있는 그대로 받아들이기 때문이 아닐까? 우리가 유쾌한 일이나 불쾌한 일을 경험했을 때 사물을 있는 그대로 받아들일 수 있다면 고통은 사라질 것이다. 슬픔을 느끼되 그것이 없어지기를 바라지 않는다면, 기쁨을 누리되 그것이 계속 지속되며 더 많은 기쁨을 욕망하지 않는다면 우리는 슬픔이나 기쁨으로 고통받지 않을 수 있다. 이러한 사유는 본질적으로 불교의 관점과 통하는 지점이기도 하다. 실제로 '제법무아(諸法無我)'는 모든 것은 인연으로 항상 변하고 생멸하므로 고정된 자아는 없다는 불교의 기본 교리 중 하나이다.

그림자는 빛과 함께 태어났다가 어둠에 멸합니다

남은 잔을 비우고 일어서야 해요 이마에 땀이 난다는 건
어쨌든 아직 통증이 남아 있다는 것, 각자 숙제가 있으니
까 그렇게 살라고 혼미한 음성을 보냅니다 참 독특한데 흩
어지는 소리, 호명은 난청을 부르지요

아웃사이드의 이점은 그의, 그들의 눈 밖에 있어도 잃을 게 없다는 것 다만 추측이 가라앉고, 좀 덜 가렵기를 바라요 그럼에도 암담하다고 말하는 건 농담인 것 같아요 싫은 게 아니라 그들은 듣는 이들만큼 신중하진 않아요

이별에 암순응이 필요할까요? 그냥 흘려보내는 감정에 실린 편도체를 자극하는 거겠지요 9시 09분 이제 당신이 떠날 시간이네요 내가 떠나든가, 별 사이가 아니란 게 별스럽게 자유를 주는 밤이네요

여기까지가 인연입니다

—「제법무아(諸法無我)」 전문

이 시집이 빛을 예민하게 감지하고 그것들이 맞이하는 소멸과 그에 따른 애수를 담고 있음은 서두에서 언급한 바 있다. 「제법무아(諸法無我)」는 빛과 함께 태어났다가 어둠에 멸하는 그림자의 그림자다움을 그냥 받아들인다. 어둠에 멸하는 순간에는 "통증이 남아 있"더라도 "남은 잔을 비우고 일어서야" 한다고. 아웃사이드의 이점은 "그의, 그들의 눈 밖에 있어도 잃을 게 없다는 것". 달리 말하면 관계와 욕망에 대한 집착을 버리고 '자신다움'을 받아들이면 "듣는 이들만큼 신중하지 않"은 "그들" 때문에 상처받을 일은 없다는 의미이다. 그래서 시

인은 묻는다. "이별에 암순응이 필요할까요?". 인간에게 주어진 하루의 시간 8만6천400초 중 "9시 09분"은 이제 당신이 떠나든지 내가 떠나든지 하는 "여기까지가 인연"인 순간이 된다. "별 사이가 아니란 게 별스럽게 자유를 주는 밤"으로 흘려보낼 수 있는 것이다.

이렇듯 건조하고 간결하게 관계를 정리하는 「제법무아(諸法無我)」가 눈물을 흘리며 붙잡는 연인의 모습보다 더 슬프게 와닿는 이유는 무엇일까? 우리는 실제로 '제법무아'를 실천하고 살 수 있는 사람이 많지 않음을 알기 때문이다. 진서윤의 「제법무아(諸法無我)」는 어쩌면 "내 슬픔은 쉬지 않고 자라나요"(「네일아트」)라는 마음을 다스리기 위한 아이러니의 언술일지도 모른다. '제법무아'를 이루기 위해서는 한때는 "당신과 나의 틈"을 외면하려 손톱에다 "컬러는 화려하게/액세서리는 달콤하게" 꾸미는 "생의 중독"(「네일아트」)도 필요하고 무례하게 매달리는 오래된 기억들을 어쩌지 못해 "부속품처럼 시시한 외로움이라도 걸어 놓았어야 했나"(「계약서」)라는 자책의 시간도 견뎌내야 한다. 그 이후로도 오랜 시간이 지나 "이 몸이 법당이 되어/기다리는 일만 일삼"게 되었을 때, 염주를 "돌리고 또 돌리는 일을" 반복해서 "염주 알을 다 읽"(「낭만적 연대」)게 되었을 때야 가능하다. "슬프지도 기쁘지도 않을 때/텅 빈 그곳이 여전히 텅 비어 있을 때", 비로소 "형체만 남은 못을 빼기 위해 벽을 허"(「계약서」)물 수 있게 되는 것이다.

어떤 면에서 우리는 현재를 살면서는 그 현재에 대해 가장 모를 수밖에 없다. 뒤늦은 깨달음에서 필연적으로 보이는 수많은 일들은 그 순간에는 전혀 분명하지 않은 상황들에 불과하다. 그러므로 "알 수 있는 건 모두 지나간 것뿐이다"(「밤길」). 이 지점에서 시인은 '세계 없음'의 존재들과 함께 그 "지나간 시간엔 단역의 얼굴들이 있다"(「다랑논」)는 사실을 재차 환기한다. 그것은 "외로운 사람을 위해 켜둔 낮은 지붕 아래로/하루에 서너 번 정도는 앓는 이들이 찾아오는"(「정류장에서」) 정류장과 "누군가 앉았다 갈 듯하여" "작은 돌멩이 같은/비밀 하나 눌러놓"는 "세상의 벤치들"(「초대장」), "진실보다 아름다운 가짜의 플롯"(「너훈아」)으로 생을 꽃피웠던 '너훈아', 평생을 당숙모 집의 딤받이이자 새끼 머슴으로 측은한 삶을 살았던 "재종 오빠", 철마다 "무뚝뚝하게 온갖 곡물을 피워내던 솜씨"(「다랑논」)를 지녔던 아버지, 그리고 한때는 부지깽이 들고 달려들었지만 "뇌경색이 다녀간 뒤/푸른 노인 병원 3층 3호실"에 "마른 새우처럼 웅크린 여든 노모"(「아름다운 독」)가 된 어머니 등이다.

3. 그래도 우리 단역들의 삶은 계속된다

이제, 시인은 햇살 속에서 생생하게 살아 있던 단역의 존재들이 맞이하는 소멸에 대해 이야기한다. 매일 할당된 8만6천 400초를 노잣돈 삼아 시간을 소진하는 여로를 끝낸 부모님과 죽는 순간까지 그들과 함께했던 '세계 없음'의 존재들까지 말이다.

> 삼짇날 붉은 꽃 속에 든 어머니, 젊은 아버지와 신방을 차리고 떠났다 심장에 귀를 대고 반닫이를 지키던 놋쇠 물고기도 마른 바닥에 내려앉았다 한낮의 안개처럼 엷어진 시간, 미처 따라가지 못한 옷 한 벌 남았다
>
> 덜커덕, 소리가 열릴 때마다 삼밭에서 불던 바람이 씨줄 날줄로 들어서고 간혹 환각처럼 다녀가던 아버지, 수런거리는 현기증을 반닫이에 가두었다 건조하게 남은 뿌리를 견디느라 밤마다 바람을 짜 넣었던 것일까 모서리마다 성긴 무늬가 걸어 나온다 저 결마다 달이 차오르는 기다림과 짧았던 정인과의 저녁 밥상을 빚어 넣었을 것
>
> 노을에 불씨를 지핀 잔가지가 탄다 어머니의 일생이 물이 빠져 흰색으로 날아간다 문이란 문 모조리 열어 배웅한 물고기, 문고리를 놓치고 누워 있다
>
> —「귀로」 전문

"삼짇날 붉은 꽃 속에 든 어머니"는 "젊은 아버지와 신방을 차리고 떠났다". 아마도 아버지가 먼저 돌아가셨으리라 짐작된다. 시에는 언급되지 않았지만 돌아가신 아버지의 젊은 시절 사진과 나란히 있는 어머니의 영정 사진이 놓여 있을 것이다. 어머니의 옷가지를 보관하던 반닫이에는 미처 따라가지 못한 어머니의 "옷 한 벌"만 덩그러니 남아 있다. 반닫이의 문은 열려 있고 이 때문에 문을 잠그는 놋쇠 물고기 장식물도 바닥에 내려놓은 상태이다. 오랜 세월을 부모님과 함께한 반닫이에는 층층이 쌓인 시간만큼의 추억들이 "모서리마다 성긴 무늬"로 엮어져 있다. 어머니 혼자 쓰시던 방에는 먼저 돌아가신 아버지가 가끔 환각처럼 다녀갔고 아마도 반닫이는 그러한 아버지의 흔적도 아버지를 그리워하는 어머니의 애달픔도 지켜보았을 것이다. 아버지와의 짧은 결혼생활 동안 함께했던 저녁 밥상의 풍경 역시 반닫이의 모서리에 남아 있다. 마침내 "노을에 불씨를 지핀 잔가지가" 타는 저녁이 되자 "어머니의 일생이 물이 빠져 흰색으로 날아간다". 어머니의 죽음이 붉은색과 흰색의 감각으로 선명하게 묘사되고 있는데 이는 애초에 빛에 민감했던 이 시집의 일관된 시적 기법이다. 특히 흰색은 자신의 색은 드러내지 않고 오로지 빛만을 보여주는 색이다. 또한 전통적으로 죽음과 소멸, 허무감, 비애, 고독을 상징하는 색감이기도 하다. 빛의 움직임에 따라 자신의 하루를 영위하던 어머니는 이제 빛과 같은 '세계 없음'의 존재로 되돌아간 것이다. "일생이 물이 빠져 흰색으로 날아"가는 어머니와 그런 어머니를 배웅하느라 문이란 문은 모두 열어 문고리를 놓치고 누워 있는 물고기를 바라보는 우리는 그 담백한 서술에도 불구하고 눈시울이 붉어진다.

하지만 소멸한 존재들을 보내고 슬픔에 빠져 있을 수만은 없다. 어떤 단역의 존재들이 소멸한 이후에도 또 다른 단역들의 하루는 계속되기 때문이다. 주어진 8만6천400초를 여비 삼아 시간을 소진하는 여로를 지속해야 한다. "사는 일은 단정 지을 수 없"고 "모든 노래가 한 구절이 끝날 때마다 박수갈채를 받는 건 아니지"(「유리 부스 사이의 제례(制禮)」)라고 되새기면서 말이다. 때로는 오늘이 "건조대에 일렬횡대로 삶은 빨래들"처럼 "평범해서 너무나 평범해서" 삶이 지리멸렬하고 외롭다고 느껴지는 날도 많겠지만 그런 날엔 "오늘의 감정이 어디로 튈지 그냥 내버려"(「어쩌다 오늘」)둘 줄도 알게 된다.

채집을 다녀왔다
손등이, 띄어쓰기 없는 거북손 무늬로 반짝인다
그 속에서 바람결이 주름처럼 박혀 있고
먼 나라 불행한 아이들에게 보내던 30년간의 후원은
실직 이후 나에게로 계좌가 바뀌어 있다

묵은지를 곁들여 먹을까 누룽지 냄비를 불 위에 올리는

것도 잊고 후미진 곳에 있던 제비꽃을 화분에 옮겨 놓고
딱한 표정으로 나를 돌아본다 혼자일수록 잘 먹어야 한다
고 나는 무던히 잘살고 있던 제비꽃을 어떤 침묵의 곁으로
데려온 것일까 서로를 위로하며 사는 것이 소용에 닿는 일
이라 강제하는 것일까 침묵에 건네는 질문은 언제나 닿기
어려운 곳에 있다 해는 뉘엿뉘엿 지는데 예전 잠시 알던
사람한테서 뜬금없이 전화가 온다 내 점(占)은 내가 치고
살 나이라는데 하루 치의 밑바닥을 긁어 누룽지를 끓인다

오늘 내가 한 일은 뭐든지 옳다

―「오늘의 운세」 전문

그래도 외롭다고 느껴지는 날에는 「오늘의 운세」처럼 "후미진 곳에 있던 제비꽃을 화분에 옮겨 놓고" 제비꽃에게 말을 걸어본다. "제비꽃을 어떤 침묵의 곁으로 데려온 것일까" 혹은 "서로를 위로하며 사는 것이 소용에 닿는 일이라 강제하는 것일까"라고. 물론 "침묵에 건네는 질문은 언제나 닿기 어려운 곳에 있다"는 사실을 모르지 않는다. 그럼에도 곁에 있는 제비꽃과 뜬금없이 오는 전화 한 통 덕분에 "하루 치의 밑바닥을 긁어 누룽지를 끓"이는 힘을 얻고 "오늘 내가 한 일은 뭐든지 옳다"는 연륜은 차곡차곡 쌓여 나간다.

익숙한 이별은 없습니다
헤어짐의 자리마다 늘 새로운 아쉬움이 덧나지만
먼 기억을 거슬러
함께 일행으로 걸어온 시간 때문에 참 따뜻합니다
떠남과 머무름의 경계가 한 자리이듯
하나의 문이 닫히면
새로운 문이 열리겠지요

좀 치열하게 살았던들 어떻습니까
바람처럼 흔적을 남기지 않고 다만
마음의 행보를 따랐을 길에
새의 날갯짓 같은 따뜻한 박수를 보냅니다

생이 아름답다는 말을
이즈음에 써야 할 것 같습니다

—「생이 아름답다는 말」 부분

우리는 시간을 소비하며 죽음으로 다가서는 존재이지만 그 과정에서 "함께 일행으로 걸어온 시간"을 추억이라는 풍경으로 담을 수 있다. 그리고 치열하게 살아왔을 누군가가 "마음의 행보를 따랐을 길에" 애정 어린 시선으로 "새의 날갯짓 같은 따뜻한 박수를" 보낼 수도 있다. "생이 아름답다는 말"은 이즈음에야 비로소 쓸 수 있겠다고 시인은 생각한다.

문학이란 중요하지만 하찮게 여겨진 대상들로 우리를 기울게 하는 사랑일지도 모른다. 우리는 어떤 그림이 보여주는 색채감과 아우라에 빠져들어 아무 말도 할 수 없는 경험을 해본 적이 있다. 그러한 그림 앞에서는 사실 모든 논평은 부적절하다. 이 순간에 우리는 논리적이기보다는 감각적으로 영향을 받고 대응할 것이기 때문이다. 실제로 중요한 진실은 감각적이고 감정적인 소재로 빚어졌을 때 수월하게 우리의 의식에 각인되곤 한다. 진서윤의 시집 『여기까지가 인연입니다』는 매일 8만6천400초를 소진하는 인간의 여로는 물론 우리와 동행하는 '세계 없음'의 존재들을 빛과 시간으로 담백하게 화폭에 담아 우리 앞에 펼쳐 보인다. 그리고 우리에게 말한다. 세계와 정확한 사랑을 해보라고. 하루 동안에 움직이는 햇살을 정확하게 본 적이 있어요? 매일 한 번도 본 적이 없는 것처럼 말이죠.

문학의전당 시인선 374

여기까지지가 인연입니다

ⓒ 진서윤

초판 1쇄 인쇄 2024년 1월 3일
초판 1쇄 발행 2024년 1월 10일
지은이 진서윤
펴낸이 고영
디자인 헤이존
펴낸곳 문학의전당
출판등록 제448–251002012000043호
주소 충북 단양군 적성면 도곡파랑로 178
전화 043–421–1977
전자우편 sbpoem@naver.com

ISBN 979–11–5896–628–7 03810